dtv

Reihe Hanser

Antonie Schneider

Es flattert und singt

Gedichte und mehr
und alles für Kinder

Herausgegeben und mit Sprachspielen
und Gedanken zum Dichten von
Christine Knödler

Mit Bildern von Marion Goedelt

dtv

Ausführliche Informationen über
unsere Autorinnen und Autoren und
ihre Bücher finden Sie unter
www.dtv.de

Wer die Welt nicht mehr versteht,
versuche es mit Poesie.

Roman Bucheli

MIX
Papier aus verantwortungsvollen Quellen
FSC® C002795

Dieses Werk wurde vermittelt durch Paula Peretti Literarische Agentur, Köln
Umschlag und Layout: Marion Goedelt
Satz: Kösel Media GmbH, Krugzell
Druck und Bindung: Livonia Print, Riga
Printed in Latvia • ISBN 978-3-423-64073-2

INHALT

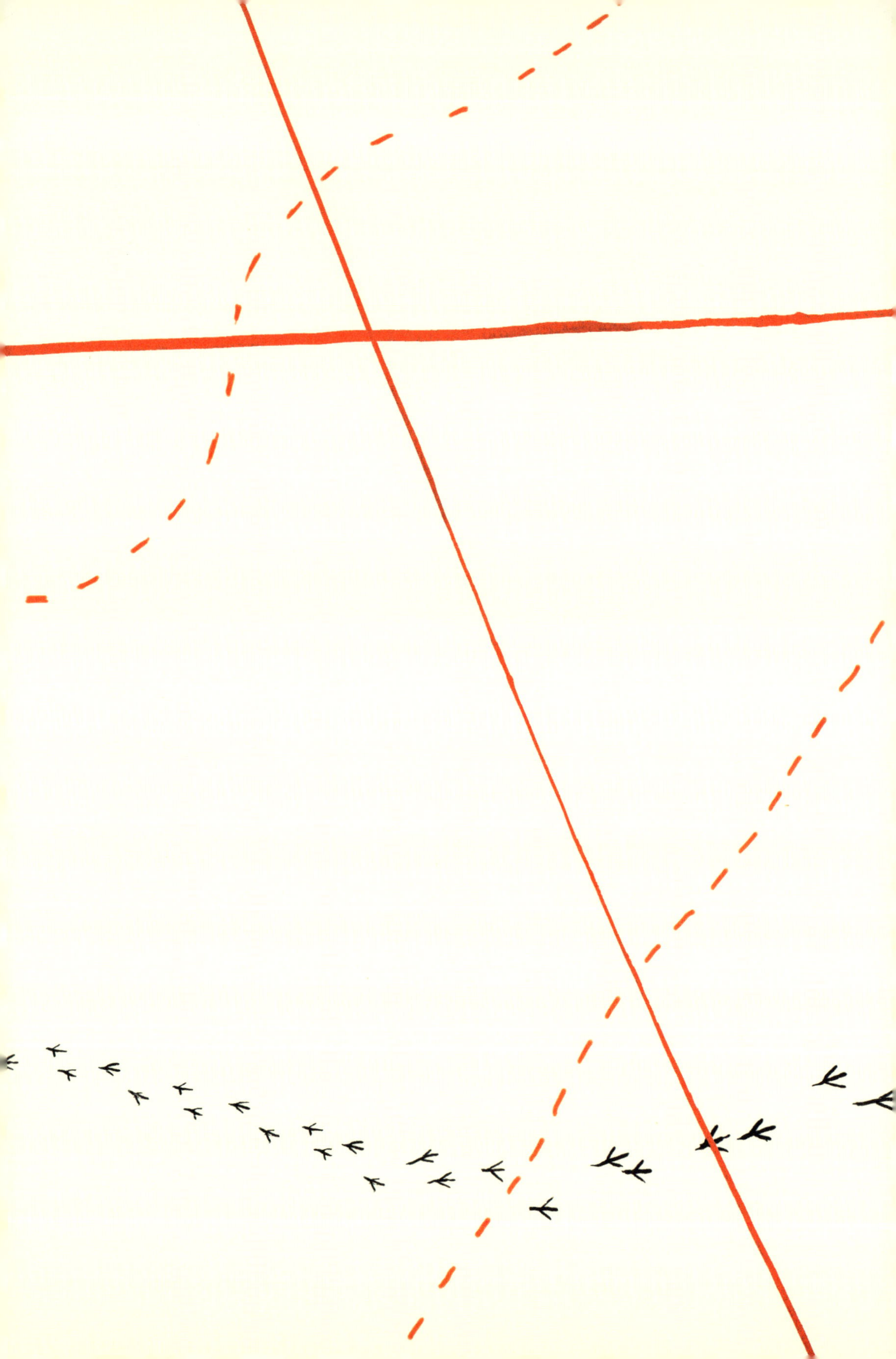

Für Clara,
Benjamin,
Magdalena und Matteo

Mein weißes Blatt

Mein weißes Blatt ist voll von Wegen
von rechts nach links
von links nach rechts
läuft es dem Glück entgegen

H
E

ICH UND DU

Bei mir bin ich zu Haus

Mein Name

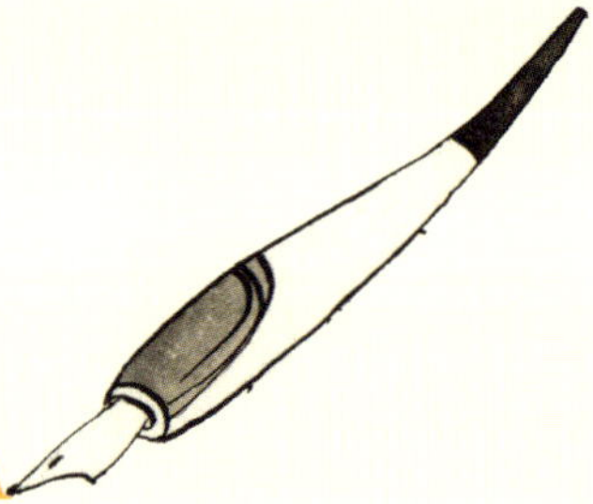

Ich schreibe

H und e und L und E und N und A

mein Name ist's, und so beginnt

mein Buch.

Ich und du

Wo du bist,

bin auch ich.

Ist das denn nicht ein Glück,

grün, gelb und braun gefiedert

schaust du mich an,

schau ich zurück.

Schön

Bunte Federn hab'n wir beide.
Schön sind wir, wir zwei.
Du mit Kamm und Hahnenfeder,
ich im Federkleid.

Fort

Ich möchte so gerne
fort von hier –
dann schreib ich dir
mein liebstes Gedicht am Meer in den Sand:
ein D und ein U.

Trag mich, sagte der kleine Spatz
zur Wolke.
Ich sehe was …

Nicht jeder Vogel geht den Käfig suchen.

Das Wort ist ein Haus, in dem
man wohnen kann.

1 und 2 und 3 und 4
komm doch zu mir
und erzähl
mir die Welt.

Auf leisen Sohlen schleicht manchmal das Glück
über Stock und Stein,
stolpert, strauchelt, stakst
und lässt sich nieder als kleine Feder
auf deinem Bein.

Mein Haus steht überall.
Ich hab es selbst gebaut.
Es ist kein Hühnerstall.
Bei mir bin ich zu Haus.
An manchen Tagen aber
geh ich hinaus.

Der Hahnenfuß
neckt mich,
erschreckt mich,
er schmeckt nicht
und doch ...
ja, was ...
Er wächst am Wegesrand
und lacht.

Dichten ist

Ich dichte, sagt das Huhn,
nicht nur an Regentagen.
Was ist das, fragt der Hahn, hast du nichts andres zu tun?
Dichten ist . . .
finden . . .
und suchen?, fragt der Hahn.

Könnte ich

Könnte ich dir nur
die Geschichten aus der Nase ziehen,
mit dir in den Pfützen herumtoben
und mir selbst
auf dem Kopf herumtanzen.

Was ist das doch

Was ist das doch für ein verrücktes Huhn.
Es fand im Sand
        was fand es nun?
Ein goldenes Ei.
Eins oder zwei?

Hannibal: Auch ein blindes Huhn findet mal ein Korn.

Helena *(scharrt unbeeindruckt weiter)*

Hannibal: Auch ein blindes Huhn …

Helena: Ja, ja …

Hannibal: … findet mal …

Helena: Aha …

Hannibal: … ein Korn …

Helena: Schau doch …

Hannibal: … da vorn!

Helena: Wo?

Hannibal: Na, da. Bist du jetzt froh?

Helena: Ist das ein O?

Hannibal: Ach nein …

Helena: … ein Wurm …

Hannibal: Der fiel im Sturm entsetzt vom Turm.

Helena: Von welchem Turm denn, hier ist doch keiner?

Hannibal: Na klar, jetzt schon, ein gereimter – meiner.

Helena: Oh, Hannibal, das versteh ich nicht.

Hannibal: Es ist der Anfang von meinem Gedicht.

(Helena, deren Ehrgeiz nun auch geweckt ist, scharrt im Hof nach Körnern – nein, halt, nach Buchstaben)

Helena: Zwei lange Beine lehnen sich an und stützen sich in der Mitte ab …

Hannibal: Das ist das große A, der Anfang, sag bitte Ja.

Helena: Das ist sonnenklaaaaaaa … *(Sie gackert und kichert)*

Hannibal *(verschränkt beleidigt die Flügel)*: Du nimmst mich nicht ernst, ich spiel nicht mehr mit …

Helena: Auf mies reimt sich Grieß …

Mach mit

Da geht's ja ganz schön zu auf dem Hof. Helena und Hannibal spielen eines der einfachsten Reimspiele. Sie sammeln Wörter und Reimwörter. Es ist, als suchten sie einen Schatz, kostbar wie ein goldenes Ei. Oder auch zwei. Es sei:

Aha – na – da
Korn – vorn
froh – O
Wurm – Sturm – Turm

und so weiter …
Manchmal reimen sich die Wörter nicht ganz genau:
A – ja – sonnenklar?
Fast kann man verstehen, dass Hannibal beleidigt ist.
»Klar« würde sich korrekt auf »rar« oder »Bar« reimen.
Auf »ja« wiederum reimt sich »da« oder »sah«.
Oder »sonnenklaaaa«, aber das Wort gibt es eigentlich nicht.
Man nennt so etwas übrigens einen »unreinen Reim«, weil der nur annähernd stimmt. Also fällt der Reim aus? Nein! Wer sagt das?
Das Schöne am Dichten ist doch, dass es kein Richtig oder Falsch gibt.
Du entscheidest darüber, was du machen willst.
Und wenn du sagst: Klar reimt sich ja auf klar, nein, auf klaaa, dann ist das so. Alles klaaaaa?

Willst du es ausprobieren? Beim Dichten kannst du dir Clowns im Zirkus vorstellen: Sie jonglieren, sie machen Quatsch, das Ganze macht Spaß. Es ist ein Spiel. Und ein Kunststück. Und so, wie sich die Clowns in der Manege die Bälle zuwerfen, kannst du mit Wörtern und Buchstaben werfen, mit Silben jonglieren.
Wenn du Lust hast, für den Reim ein neues Wort zu erfinden, kann niemand dich davon abhalten. So ganz genau wie Hannibal musst du es nicht nehmen, doch gerade am Anfang ist es einfacher, sogenannte »reine Reime« zu suchen.

Mach mit

Darum beginnen wir mit einem Wort, das Kinder lieben – das Wort genauso wie das Tier: »Maus«.
Darauf reimt sich? »Klaus« und »Haus«.
Was fällt dir noch ein? »Strauß«, »o Graus« oder »Saus und Braus«.
Genau. Oder »Raus!«. Und natürlich »aus«.
Schon kannst du dein erstes Maus-Klaus-Haus-Gedicht schreiben.

Sollten sich alle Wörter vor dir verstecken, quäle dich bitte nicht mit dem Satz »Mir fällt nichts ein«, denn dann fällt dir bestimmt nichts ein. Versuche stattdessen, deinen Kopf zu leeren, und zwar so: Augen zu, an nichts Bestimmtes denken und das erste Wort laut aussprechen, das dir in den Sinn kommt. »Ball« (wie Hannibal), eine Farbe (blau), ein Gefühl (Wut oder Glück), »Kind«, »Katze«, »Huhn« oder »Suppenhuhn« oder etwas, das du gerade erlebt hast. Ferien, den Sommer, ein Spiel zum Beispiel. Oder Streit.

Schreibe das Wort auf und sammle Reimwörter:

Streit

weit

zu zweit

breit

bereit

Kleinigkeit

reit

(Ich reit in den Sonnenaufgang).

Oder: Reit!
(Als Aufforderung: Reit auf dem Esel!)

Anschließend versuchst du, ein Gedicht daraus zu machen. Am besten geht das, wenn du dir vorher kurz überlegst, was du erzählen willst. Denn ein Gedicht ist wie eine kleine Geschichte.
Was hältst du davon:

Nichts wie weg

Streit! Streit!, ruft Hannibal.
Streit ist nicht weit.
Streit ist manchmal ganz nah.
Schon ist er da, sagt Helena.
Streit macht sich laut,
Streit macht sich breit.
Streit ist keine Kleinigkeit.
Statt zu streiten,
reiten wir lieber zu zweit
und vergessen den Streit.
Hannibal, bist du bereit?

Du kannst auch einfach deinen Namen nehmen und losdichten.
Auf Hannibal reimt sich – »Ball«, »Knall« auf »Fall«, »Schall« oder »Stall«.
Und Helena?
Ist schon ganz nah …
Endlich da.
Hurra! Hurra!

Punkt, Punkt, Komma, Strich,
fertig ist das Angesicht,
Hals und Bauch,
hier die Flügel,
dort der Schwanz,
da die Beine mit den Sporen
schreiben Spuren
in den Sand.

Alte Hühner scharren in dem Stroh.
Finden sie ein junges Korn,
sind sie alle froh.

Kreuz und Quer

Zitronen, werft euch in Schale!

Der Spargel

Ein Spargel
steckte den Kopf in den Sand
und sehnte sich
nach Samarkand.
Dort schlafen unter Minaretten
Spargelkinder in Baumwollbetten.

Die Kartoffeln

Kartoffeln
laufen so gern
in Pantoffeln
durchs Kellerverlies
und träumen
vom Paradies
im Mai.
Doch bald
ist's mit der Ruhe vorbei
und sie enden
neben dem Lauch auf dem Teller
als Brei.

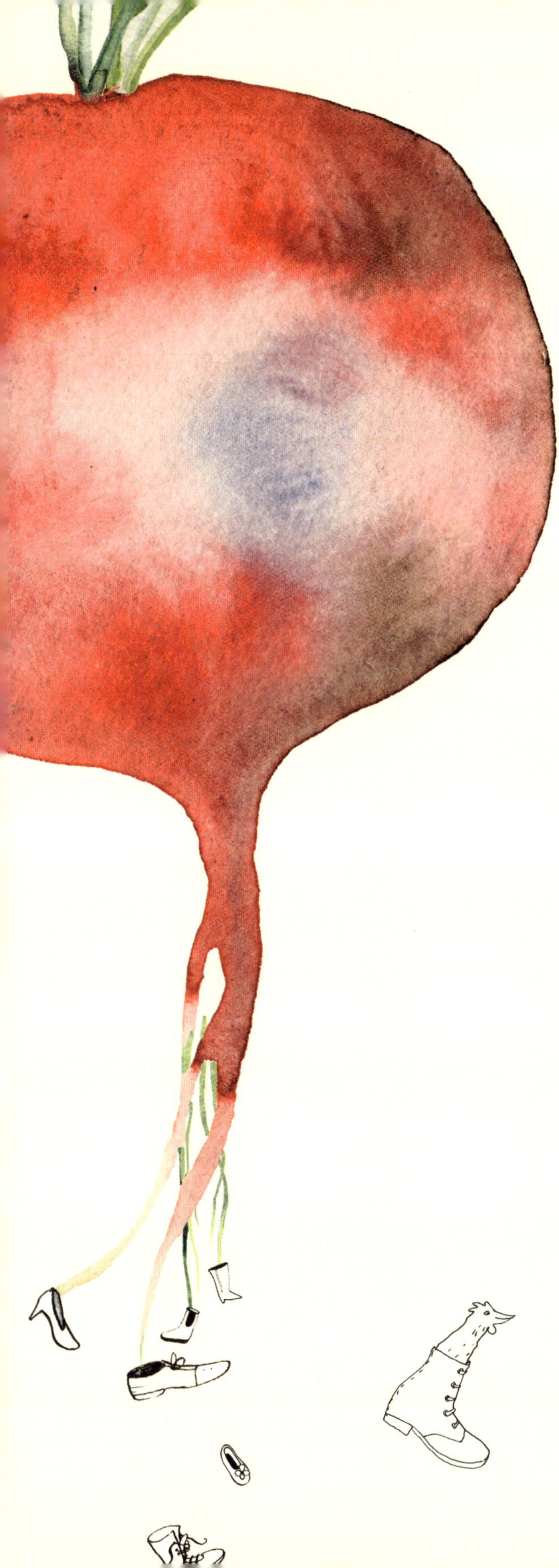

Die Radieschen

»Radieschen, Radieschen«,
ruft Jungfer Lieschen,
»zeigt her eure Füßchen,
wo sind eure Schuh?«
»Verloren, verloren«,
muht eine Kuh,
»in Katmandu!«

»**R**ote Radieschen in meinem Garten
spielen Karten
und warten,
bis sie gewachsen sind,
bis sie erwachsen sind.«
So sprach das Lieschen.

»**I**ch gieße meine Radieschen«,
ruft freudig das Lieschen.
»Was ist das
für ein Getuschel,
Genuschel, Gequassel.
Ich will kein Schlamassel!«,
so sprach das Lieschen
und zog die Radieschen heraus.

In meinem Garten wachsen Radieschen.
Doch zum Glück
weiß das Lieschen nichts davon.
Ihr roten Radieschen
auf flinken Füßchen
nehmt schnell Reißaus.
Sonst isst das Lieschen
euch eines Tages
genussvoll in Scheiben geschnitten auf.

Die Möhre

Ins Land der Rosenkohle
verirrt sich eine Möhre
und strauchelte, wie abzusehn,
die kleine Möhre-Göre.

Sie taumelte ganz wirr umher
und hielt sich fest an Stielen
und hatte weiter nichts davon
als Schwielen über Schwielen.

Die Röslein aber bogen sich
am Kohle laut vor Lachen.
Der Wind blies hart und fürchterlich.
Der Möhre wurd ganz bange.
Da fand am End sie doch noch Halt
an einer Bohnenstange.

Rhabarber

Rhabarber,
du langer Stängel,
bist ein frecher Bengel
mit deinem großen Hut.
Doch hüte dich,
hinter den Bergen
bei den sieben Zwergen
wurden
Rhabarberstängel
in Zuckerwasser gekocht,
zu Rhabarberkompott.
Welch ein Komplott!

Der Sellerie

Auf einer Kommandobrücke
stand stolz mit erhobenem Haupt
eine Sellerieknolle und wickelte Wolle
um ihren Bauch.
Sie war Kapitänin.
Zwölf Selleriestangen schossen aus ihren Kanonen
mit roten Bohnen.
»Wer hat uns verraten?«,
riefen entsetzt die Piraten.
»Wir drehen um!
Bei Sellerieknolle und Selleriestangen
ist nichts zu holen
als Wolle und Bohnen!«

Der Brokkoli

Ein Brokkoli brach sich
beim Sprung übers Meer das Bein.
Er war jung und grün
und sehnte sich nach Shanghai.
Doch ohne zu fragen,
nahm eine Brokkolidame in ihrem Wagen
ihn einfach mit
nach Madrid.
Dort platzte ihr plötzlich der Kragen
und sie schwebte in einem gelben Ballon
auf und davon.

Die Zitrone

Zitronen gelb,
Zitronen grün,
Zitronen, werft euch in Schale.
Wir feiern ein großes Fest.
So sprachen
zwei Admirale
im Sonnenuntergangssaale
bei Windstärke 12
aus Südwest.

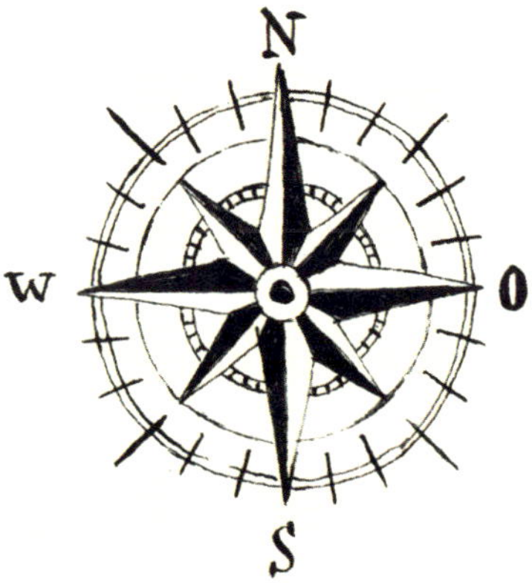

Die Melone

Hoch zu Ross
ritt die Melone
nach Valmontone
mit einer Krone auf dem Kopf.
Da kam lachend ein Floh
und stach das Ross in den Po.
Es sprang vor Schreck in den Sumpf.
Da machte es plumps
und die Krone war weg.

Die Birne

Vergessen
lag im Handschuhfach
eine gelbe Birne.
Sie fuhr in einem Cadillac
und runzelte die Stirne.
Wie finster schien ihr doch die Welt
so ohne Tür und Fenster.
Da stand ein Scheich vor seinem Zelt.
Erschrocken bremst der Cadillac.
Es waren seine Reifen platt.
Nun kam die Polizei.
Sie öffnete das Handschuhfach
und ließ die Birne frei.

Der Champignon

Im Regen rannte ein Hund.
Der fand mit seiner Nase
am Rande der Straße
einen einsamen Champignon.
»Dich will ich verspeisen!«,
so sprach der Hund.
»Mit Petersilie
brat ich dich fein!«
Er grub ihn aus,
nahm ihn nach Haus
und aß ihn bei Kerzenschein
ganz allein.

Der Spinat

»Verrat!«, schrie der Spinat
und kräuselte die Blätter.
Der Spitzkohl hatte ihn geneckt,
der Spitzkohl war sein Vetter.
Denn ohne zu fragen,
steckten die jungen Elefanten ihre Rüssel
neugierig in die Schüssel
und aßen Spinat mit Behagen!

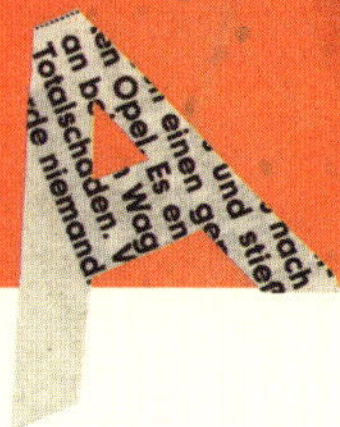

Mach mit

Hannibal steht auf dem Misthaufen und kräht den Himmel an.

Helena: Na? Hunger? *(Sie zieht zu Hannibals Füßen einen langen Wurm aus der Erde)* Mmmmhhhh. Was schimpfst du denn so?

Hannibal *(entrüstet)*: Ich bin der Wetterhahn, aber das Wetter macht, was es will!

Helena: Bleib locker. Du weißt doch: »Kräht der Hahn auf dem Mist, ändert sich das Wetter, oder es bleibt, wie es ist.« Alte Bauernweisheit.

Hannibal: Das holpert aber ganz schön.

Helena: Hä?

Hannibal: Der Rhythmus. Das passt doch hinten und vorne nicht.

Helena: Du bist doch nur sauer, weil du kein guter Wetterfrosch bist. Und außerdem bist du unterzuckert. Jetzt such dir endlich einen Wurm und halt den Schnabel!

Hannibal: Ich denke nicht dran – ich fang erst an.

Ich suche ein Wort.

Da – und – dort.

Helena *(verdreht entnervt die Augen)*: Immer schön kompliziert. Geht's nicht auch einfacher?

Da hat Helena recht. Viel einfacher ist: Du nimmst eine Zeitung und schneidest einzelne Wörter aus, die Schnipsel legst du wie einen prächtigen Misthaufen vor dich, ziehst einzelne Wörter heraus, legst sie aneinander wie einen besonders leckeren fetten Wurm und lässt dich überraschen von deinem Lege-Gedicht.
Natürlich kannst du auch gezielt suchen: Welche Wörter passen zueinander, welche ergeben einen Sinn oder eben gerade nicht, dafür aber schrägen Unsinn? Welchen Ton schlägst du an in deinem Gedicht? Besonders viel Spaß macht es, wenn du mit mehreren zusammen spielst. Einer legt das erste Wort, die Nächste sucht weiter, legt an, dann der Nächste und immer so weiter. Eines steht fest: Was dabei herauskommt, hat es so zuvor noch nie gegeben. Nicht schlecht, oder?

Diese Art Spiel gibt es übrigens fix und fertig zu kaufen. In den »Kühlschrankgedichten« sind Substantive, Verben und Adjektive als Magnete zusammengepackt. Sie lassen sich nach Belieben an die Kühlschranktür heften. Einfach loslegen!

Mach mit

Eine andere Möglichkeit: Du lässt dich von den Gedichten in diesem Buch anstecken und schreibst ein Obstgedicht. Vielleicht über eine Pflaume, die im Kühlschrank verschrumpelt ist. Oder über ein Salatblatt, das darauf wartet, an eine Schildkröte verfüttert zu werden, und das sich genau davor fürchtet.

Dann stimmt das alte Volkslied jedenfalls nicht mehr, das sich – natürlich – ebenfalls reimt:

> Kraut und Rüben haben ihn vertrieben.
> Hätt mein' Mutter Fleisch gekocht,
> wär' er länger blieben.

Von wegen: Wir bleiben und dichten fröhlich fort und fort.

Wenn du erst einmal angefangen hast, darauf zu achten, wirst du übrigens schnell feststellen, von wie vielen Reimen wir tagtäglich umgeben sind. In Volksliedern, in Songs, in der Werbung, in Kalendersprüchen, in Bauernweisheiten oder Gebeten – überall kommen sie vor. Und da sage noch einer: Gedichte sind out. Stimmt nicht. Gedichte sind im wahrsten Sinne des Wortes wunder-volle Türöffner.
Auch für den Kühlschrank.

Hinter dessen angelehnter Tür wartet ein kleiner Zweiteiler auf dich:

> Eine Zitrone namens Schmidt
> nahm mich mit.

Wohin? Das kannst du dir selbst ausmalen, so, wie Antonie Schneider es in ihren Gedichten macht: Sie tupft wie mit dem Pinsel Wörter aufs Papier, sodass Bilder entstehen – in ihrem, in deinem und in meinem Kopf.

An ihren Gedichten kannst du auch ablesen, wie die Wirklichkeit Flügel bekommt: Birnen runzeln die Stirnen? Eine Brokkoli-Dame besteigt einen Fesselballon?
Ja, geht das denn?
Darf man das?
Unbedingt!
Denn so wie Helena und Hannibal mit ihren Flügeln flattern und abheben, so kannst du mit deiner Fantasie abheben und fliegen. Deine Fantasie und deine Kreativität sind deine Flügel. Darum ist in der Kunst allgemein und in Gedichten im Besonderen alles möglich.

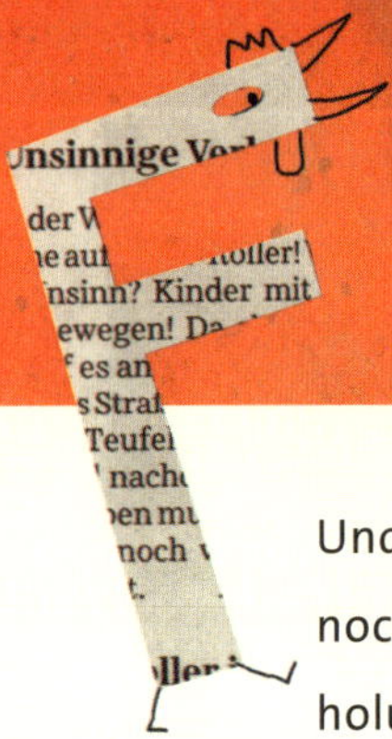

Mach mit

Und dann ist da noch das Stilmittel der Wiederholung. Lies doch dazu noch mal die »Radieschen«-Gedichte. Im Schulaufsatz würden Wiederholungen rot angestrichen. In Gedichten hingegen sind sie willkommen. Sie erfüllen eine Aufgabe. Wiederholungen einzelner Buchstaben, Wörter oder Zeilen heben hervor, was wichtig ist. Sie betonen, was zum Ausdruck gebracht werden soll. Sie entsprechen dem Refrain in einem Lied.
Man kann sie sich gut merken. Manchmal werden sie zu Ohrwürmern.
Das freut besonders Helena und Hannibal, die Würmer doch so lieben!

Was Wiederholungen im Kleinen vormachen, zeigen Variationen ein und desselben Themas im Großen. Zusammengenommen ergeben sie einen Zyklus, einen Gedichtreigen, so wie die »Radieschen«-Gedichte. Und wenn es bei alldem im Detail gerade mal vier Wörter braucht, um ein ganzes Ideen-Feuerwerk zu zünden, ist das schon hohe Kunst:

»Was ist das für ein Getuschel, Genuschel, Gequassel. Ich will kein Schlamassel!«, heißt es in einem der »Rhabarber«-Gedichte. So ein Spaß! Das Stilmittel ist die Alliteration oder der Stabreim. Du kennst es vielleicht von Zungenbrechern wie »Fischers Fritz fischt frische Fische« oder »Wir Wiener Waschweiber wollen weiße Wäsche waschen«.

Schon hast du ein Sprungbrett für ein weiteres eigenes Gedicht: Schreib doch eines, bei dem jedes Wort mit dem gleichen Buchstaben beginnt: über die ganz gemütliche, grundgütige Gans Gertrud, über den

hüpfenden Hasen Hans oder über unsere Helden, Hahn Hannibal und Huhn Helena.

Wie der Reim am Ende einer Zeile geben gleiche Wortanfänge, Wiederholungen bis hin zu Variationen Ideen schon auf den ersten Blick eine Form und beim Lesen einen ganz eigenen Klang. Form und Klang sind der Rahmen für ein Gedicht. Sie strukturieren und gestalten. Sie binden und halten Einfälle zusammen.

Das zeigen einmal mehr die Gedichte dieses Kapitels.
Als weitere Besonderheit gehen sie, wie sonst die Liebe, durch den Magen.
Sie zergehen auf der Zunge.
Und du wirst merken: Sie machen satt.
Denn Gedichte sind Nahrung fürs Herz.

Das Quartett

Zucchini, Tomate, Fenchel und Lauch
spielten Quartett.
Sie waren in aller Munde
für eine Stunde.
Doch dann, o Schreck,
waren sie weg
und verschwanden als Suppe
in meinem Bauch.

Die Zwiebel

Schon früh am Morgen
isst Vetter Franz
eine Zwiebel ganz.
Was bleibt den beiden,
nur Leiden,
der Zwiebel
und dem Vetter Franz.

SANG UND KLANG

Zucchini haben feine Ohren

Die Quitte

Ein Quittenquartett,
eiderdaus,
das ist nett.
Flöte und Mandoline,
Klavier und Kontrabass.
Zuerst ganz leise
spielen sie ihre Weise
für dich
und mich.
Auch für den Tintenfisch im Meer
und für den Mann im Mond.

Der Kürbis

Beim großen Kichererbsenball
hielt Kürbis eine Rede.
Die fand so großen Widerhall,
dass Erbs und Erbsin
Hand in Hand
sich bogen vor Gekicher.
Da nahm der Erbsenprinz das Wort
und sprach zum Kürbis heiter:
»Kürbis und Erbsen
immerfort –
und immerfort so weiter.«

Rübe

Rübe und Rucola
tanzen Walzer.
»Was für ein schönes Paar!«,
krächzen zwei Raben.
»Hilfe, ein Hase, der will mich fressen!«,
schreit plötzlich der Rucola, grün vor Angst.
Schnell löst er sich aus den Armen der Rübe.
So kommt`s, wenn man selbstvergessen im Tanz
die Rübe nur sieht
und nicht die Gefahr!

Rübe

»Rübe Rabe Rebe Robe
übe«, so krächzen die Raben.
»Rattatatam!«
Die Rübe war müde.
Am Abend
statt Reben
essen Rüben
hüben und drüben
mit Vergnügen
so manch süße Leckerei.
Was kann das schaden?

Zucchini

Zucchini haben feine Ohren.
Sie lieben die Musik
und tanzen sonntags unverfroren
den Straußenwalzer mit.

Die Zucchini

Bernini, Bambini
gekocht, gebacken, gebraten,
paniert,
bandagiert, serviert.
Zu neunt wälzen sie sich im Teig.
Welch eine Wonne –
sie schmecken dem Hans und dem Franz
und der Tante Adelheid.

Die Artischocken

Zweiundzwanzig Artischocken ohne Socken
schütteln ihre grünen Locken.
Sie schweben, sie fliegen, sie hüpfen,
sie springen und singen
auf rosafarbenen Wolken
fröhlich vorbei
und hundert Glocken
frohlocken.

Die Banane

Bananen sind krumm,
aber nicht dumm,
bemerkte ein alter Papagei
und rief seine sieben Jungen herbei.
Nur manchmal
machen sie komische Sachen, sagten die Affen
und begannen zu lachen.
Bananen musizieren zuweilen ohne Grund
sogar verkehrt herum.

Die Ananas

Auf Reisen geht die Ananas
in einem alten Wagen.
Von Lissabon bis Caracas
will sie es wirklich wagen.
Und wenn sie einmal stecken bleibt,
wird sie doch nicht verzagen.
Sie singt das Lied der Ananas
und lässt sich weiter tragen.

Die Kiwi

Kiwi kiwett,
riefen drei alte Damen,
als sie ihr Flugzeug nahmen.
Heut fliegen wir
mit Kiwis im Gepäck
zum Popocatepetl.
Dann fahren wir in schnellen Sonderzügen
nach Rügen
und essen Kiwis mit Vergnügen.
Doch morgen Abend kehren wir
von unsrer Reise
ganz leise zurück
ins Himmelbett.
Kiwi, kiwett,
mit Kiwiträumen im Gepäck.

Die Grille

Sie spielt ihr Lied für mich
die Grille
am Abend
Stille
ach, Grille!

O denkt euch nur, mein Huhn ist krank.
Es liegt nun traurig auf der Bank,
es kräht nicht mehr, wer weiß wie lang,
wie fehlt mir sein Gesang!

Mach mit

Ich dichte, sagt das Huhn:

T
Macht auf das R o T
R

Papperlapapp, sagt der Hahn:
Macht auf das Tor.

Und wen wollt ihr durchs Tor einlassen?

Ich denke,
sagt der Hahn.
Ich dichte,
sagt das Huhn.

Pi pa po, piepst Helena,
Ene mene muh, kräht Hannibal.

Manchmal, sinniert Helena,
zerspringen mir die Wörter auf der Zunge:
Tatü tata,
miau mio …

Hannibal stimmt ein: Kikeriki! Ene mene muh! Iah!

Helena: Traritrara …

Hannibal: Hühott, hottehü, hui, hui!

Helena: Pfui, pfui!

Hannibal: Piffpaff! Ene mene muh …

Helena: … schon wieder? Sapperlott, schlimperdibix!

Hannibal: Simsalabim …

Helena: Abrakadabra …

Hannibal: Papperlapapp!

Helena: Popanz?

Hannibal: Firlefanz!

Was für ein Geflatter und Gegacker. Was für ein Krächzen und Ächzen, ein Krakeelen aus vollen Kehlen. Also ein Kra-kehlen?
Warum schreibst du nicht zwischendurch, einfach so zum Spaß, ein Gedicht aus Tierlauten? Aus dem Kra-Kra der Raben, dem Krächz-Krächz der Krähen oder aus den Stimmen vom Bauernhof?

Mach mit

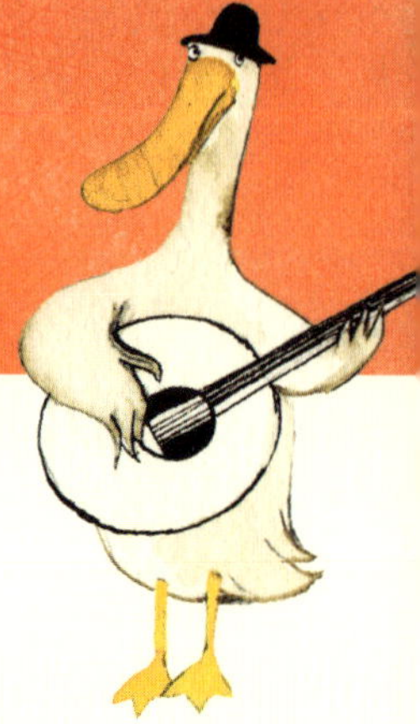

Kikeriki? Wuff, wuff.
Wau, wau? Miau.
Gack, gack, mäh, mäh, muh-uh-hu-huu
und raus bist du, schimpft der Uhu.

Der Chor der Tiere passt in dieses Kapitel. Denn hier wird gesungen, gesprungen, getanzt, getönt und Musik gemacht. Tatsächlich sind sie miteinander verwandt: die Musik und die Lyrik. Das verrät schon der Name. In »Lyrik« steckt das Wort »Lyra«, ein Musikinstrument aus der Antike. Denn die ersten Gedichte wurden, begleitet von der Lyra, gesungen.

Wie wichtig der Klang und der Rhythmus für Gedichte sind, merkst du bei allen Gedichten. Bei diesem »Mach mit« führen Klänge zu einem Buchstaben-Ringelrangel. Klang-Kaskaden tanzen aus Silben-Reihen, Worte-Wirbel klingen wie Trommel-Wirbel. Ein Wort gibt das andere, sie nehmen sich an den Händen, hangeln sich aneinander entlang und

Wuff wuff

tanzen weiter. Lautmalerisch nennt man einen solchen Entstehungsprozess, und jeder versteht sofort, warum.

Es ist ein freies, fröhliches Assoziieren, ein Wimmelwuselwirrwarr, wie wahr, ein wildes Quatschmachen und Spiel ohne Ziel mit der Sprache. Die wird zu Musik. »Es flattert und singt.« Der Rhythmus gibt den Rest. Schließlich kennen beide, Lyrik und Musik, den Takt und den Auftakt, das Lange und das Kurze, das Schnelle und das Langsame, das Schwere und das Leichte.

Was in der Musik die Töne sind, sind in der Sprache die Vokale. Wieder macht es der Name vor. Vokale sind klangvoll: das A, E, I, O und das U. »Sonnenklaaaaa«. Erinnerst du dich?
Wenn dir im Unterschied zu Hannibal das »Sonnenklaaaaa« besonders gut gefallen hat, schreibe doch ein »A«-Gedicht.
Für den Anfang ist das aller Ehren wert. Aller Ahren wart, sagt Frau Amsel. Fast wie im berühmten Lied vom Kontrabass.

Auch das Wort »Vokal« kommt aus dem Lateinischen, darin ist »Vox«, die Stimme, enthalten. Die ist für die Lyrik entscheidend. Darum genieße es, dein fertiges Gedicht laut vorzulesen – dir selbst und anderen. Es ist ein Vergnügen, und du merkst sofort, wenn etwas nicht stimmt. Dann hilft dir die Stimme: Sobald das Gelesene fließt und nicht holpert, sobald Takt und Rhythmus aufgehen, ist etwas Wesentliches gelungen. Es sei denn, du setzt das Holpern und Stolpern ganz bewusst ein, weil es zum Inhalt deines Gedichtes passt.

Mach mit

Helena und Hannibal lesen dir das Gedicht
»Die Artischocken« mit verteilten Rollen vor. Hör doch mal:

Helena: Zweiundzwanzig Artischocken
Hannibal: ohne Socken
Helena: schütteln ihre grünen Locken.
Hannibal: Sie schweben, sie fliegen, sie hüpfen,
Helena: sie springen und singen
Hannibal: auf rosafarbenen Wolken fröhlich vorbei
Helena: und hundert Glocken
Hannibal: frohlocken.

Ah! Und: Oh! Reim und Klang sorgen für Ordnung und für den Witz. Du siehst und hörst viel »i«, noch mehr »o«, und plötzlich tummeln sich auf dem Hof womöglich neben Hahn, Huhn, Hennen und Hähnen auch Gockel und Gockerln. Artischocken necken Artischecken. Was das ist? Keine Ahnung. Vielleicht eine gefleckte Artischocken-Art? Schick ist jedenfalls die Artischicke.

A, i und o hatten wir nun schon. Fehlt das E. Es klingt hell, dieses Eeeeeee: Esel – Ekel – Engel … In großen Sprüngen geht es zu unterschiedlichsten Wörtern: »Bengel« reimt sich auf »Engel«, von dort aus kannst du zu »Besen« hüpfen. Der Anfang von »Bengel« und »Besen« ist der gleiche, hinten schlägt das Wort aus. Wie ein Esel eben. Dass dieser »Esel« den »Besel« schwingt, ist doch einen Versuch wert. Und zum Uhu-U fällt dir bestimmt auch noch etwas ein.

Mach mit

So gesehen ist Dichten wie Anlaufnehmen, immer schneller, in immer größeren Sätzen, hopp, aufs Sprungbrett, in die Luft, über den Kasten, um schließlich mit beiden Füßen auf dem Boden zu landen. Vielleicht gehst du noch mit Schwung in den Strecksprung, Hände über den Kopf – fertig ist das Gedicht.
Das kannst du immer weitertreiben.
So wie Helena und Hannibal.

Helena: Fang mich doch, da bin ich doch!
Hannibal: Fang mich doch, du Eierloch!
Helena: Pi Pa Po

Pi (zza)
  Pa (sta)
    Po (lenta)

Dann kannst du wirklich rumkauen auf den Silben, kannst sie auskosten. Und manchmal braucht es nur eine kleine Drehung an der Wortschraube, schon entsteht ein weiteres Unsinnsgedicht:

Flattervieh
Flatterflieh
Fattervieh
Fatterwie?

Bei Fatter kommt dir vielleicht der Vater in den Sinn, der Pi-Pa-Po-Papa, der Papa, den du vermisst, weil dir sein Papa-Duft und sein Papa-Lachen fehlen und weil sein Bart so schön im Gesicht kitzelt, wenn er dir einen Kuss gibt.

Wieder ist da eine neue Geschichte, ein neues Gedicht.

Hör einfach zu und schau hin und lass deine Einfälle fliegen. Dann brauchst du sie nur noch einzusammeln wie goldene Eier im Korb. Wie Töne im Köcher. Oder, wie Helena es ausdrückt: »An manchen Tagen zerspringen mir die Worte auf der Zunge …«

Der Apfel
fällt nicht weit vom Stamm,
so sprach das junge Huhn zum Hahn
und spielte auf der Flöte.

Auf einem Saxofon
spielte ein Hahn ohne Ton.
Freut mich, hat mit der Sache nichts zu tun,
so sprach das Huhn
und verschwand
im Morgenland.

HELENA

An manchen Tagen,
in manchen Nächten
zerspringen mir die Worte
auf der Zunge
oder auf dem weißen Blatt Papier,
wenn ich ihnen zu nahe komme.
Oft renne ich ihren Schatten hinterher,
schreibe sie in den Sand,
kleckse sie aufs Papier,
reise mit ihnen um die Welt.

Hin und Weg

Die See war glatt und schnittlauchgrün

Anton
wollte gern verreisen
an einen stillen Ort.
Leben ist Reisen,
das will was heißen,
sagte er und ging fort.
Sein Ziel war der Nil
und dann
irgendwann, irgendwo
war er froh.
Am Po und am Popocatepetl
fuhr er auf einem Roller
immer toller,
doch am Ende
schwamm er auf eine Insel
und malte
mit seinem Wörterpinsel
auf alle Bäume
Träume
Träume
nichts als
Träume.

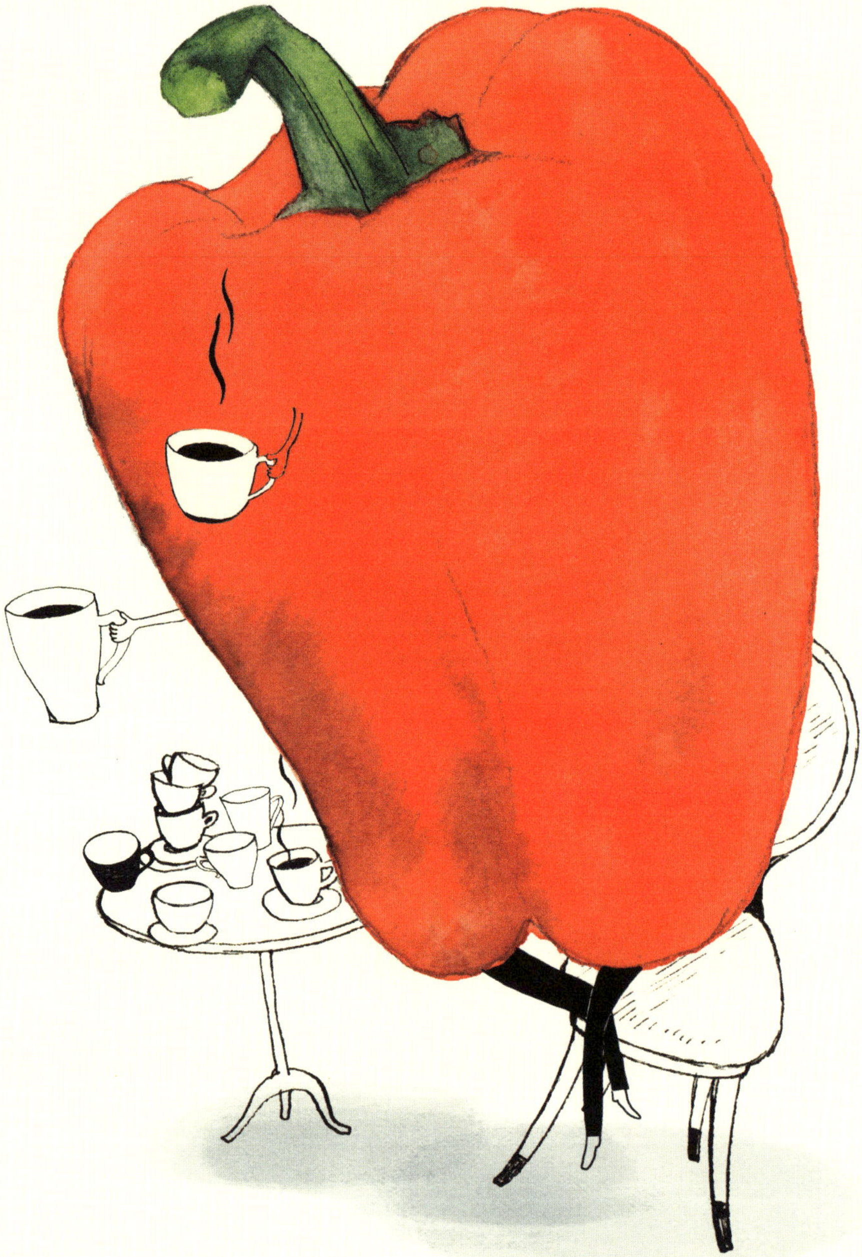

Die Paprika

In Budapest
saß eine Paprika fest
in einem Grandcafé.
»Jetzt ist sie dahin,
die Reise nach Wien«,
seufzte die Paprika
und trank
mit Behagen
heiße Schokoladen.

Fünf Tomaten

Fünf Tomaten traten,
als sei nichts dabei,
eine Reise an in die Türkei.
»Kizartma, Domates!«, riefen begeistert zwei Gurken.
»Wir holen euch ein
und nehmen euch mit im Paddelboot!«

Die See war glatt und schnittlauchgrün.
»Pfui, pfui, ihr grünen Schurken!«,
riefen entsetzt die roten Tomaten.
»Lasst uns beraten!«
Sie trieben lange dahin,
bis sie ein großer Fisch erspäht',
der fraß sie mit Gewinn.

Die drei Fische

Drei Fische
saßen in Hawaii
auf rosaroten Stühlen.
Sie wollten sich im Meereswind
die zarten Flossen kühlen.
Sie aßen viel Zitroneneis
und schnarchten um die Wette
am schönen Strande von Hawaii
und gingen spät zu Bette.

Die Aprikose

In einer Kiste am Kai
saßen zwei Aprikosen.
Sie träumten vom Strand in Hawaii
in neuen gestreiften Hosen.
Doch ihre Reise war schnell vorbei
im Mund eines jungen Matrosen.

Als die Katzen noch grün waren,
wunderte sich der Fisch im Meer.
Und er schwamm und schwamm
und fand . . .
Ja, was fand er denn?

Capri im Mondschein, so rot,
so gelb, so verschwunden,
ein Wunder, wenn Regen kommt,
wer weiß,
sagte der Krebs.
Kalt ist mir im Gehäuse
so ohne Gesäuse, ohne Gesang
ein Leben lang.
Undine,
wenn sie mir nur erschiene.

Ich denke nicht dran,
ruft diese
von Capri herüber
ins Fischerboot.
Einen Fisch will ich fangen
mit einem Ring und Königin sein
ganz allein.

Die Apfelsine

Die Apfelsine traf eine Biene
auf einer Schiene
in Tripolis.
Undine, Undine!,
sprach die Malwine.
Die Lokomotive mit ihrem Getöff
kennt kein Erbarmen.
Ich muss dich warnen.
Nimm schnell Reißaus!
Schöne Malwine, Apfelsine
aus Tripolis.
Sonst wirst du Arme
zu Mus, o Graus.

Am Bahndamm steht ein junges Huhn.
Was ist zu tun?
Es findet keinen Sauerampfer,
doch einen alten Ausflugsdampfer.

Der Hahn und seine Hennen
verreisten,
gar nicht weit.
Sie fingen an zu rennen,
das war nicht sehr gescheit.

Mach mit

Helena und Hannibal staksen über den Hof.

Helena *(sichtbar sauer)*: Ich versteh nur …

Hannibal: … Bahnhhhh … ?

Helena: … Hühnerhof! Was soll das denn, was heißt das bloß?

Hannibal: Was heißt was?

Helena: Was soll das genau heißen?

Hannibal: Du könntest dich in den Hintern beißen?

Helena: Ach, lass mich in Ruhe, ich verstehe es nicht.

Hannibal: So ist das eben bei einem Gedicht. Es kräht kein Hahn danach, was es bedeutet.

Helena: Ja, ja, du Schlaumeier. Ich wüsste es aber trotzdem gern. Ich bin doch nicht vom andern Stern.

Hannibal: Dann lass dir was einfallen, ist doch federleicht!

Helena *(zuckt mit den Federn und spricht langsam vor sich hin)*:

Capri im Mondschein, so rot, so gelb, so verschwunden …

(Auch Hannibal wackelt ratlos mit dem Kamm)

Also, ich denke an Capri Sonne. Lecker!

(Er marschiert zum Kühlschrank.)

Helena: Bringst du mir eins mit?

Hannibal: Mit dem größten Vergnügen!

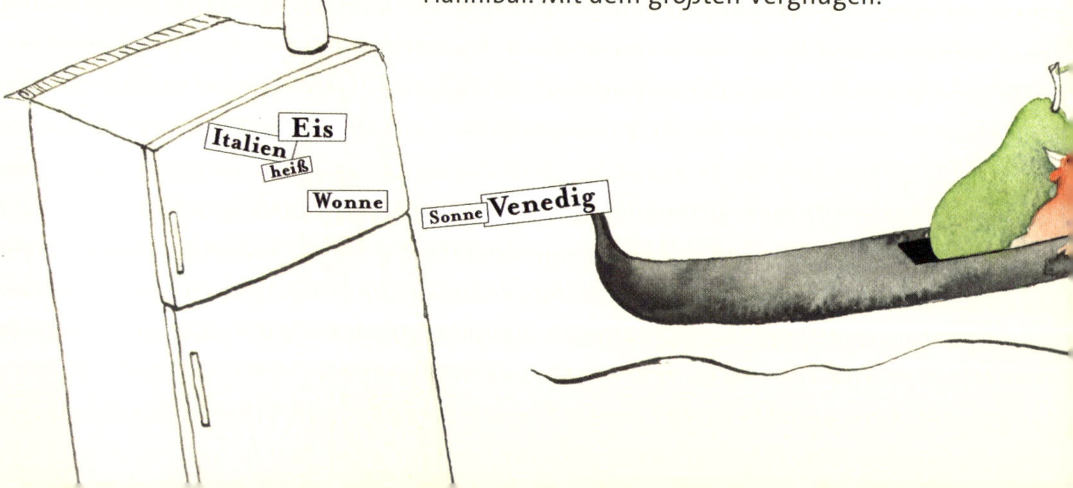

Noch klebt an der Kühlschrank-Tür ein Kühlschrank-Gedicht. Damit geht es dir vielleicht wie Helena: Du verstehst es nicht. Doch das macht nichts. Im Gegenteil: Viele Gedichte wollen nicht auf Anhieb begriffen werden. Sie lassen Platz für deine Gedanken und Ideen. Ganz schön kompliziert. Wir kommen später noch einmal darauf zurück und machen lieber mit etwas Naheliegendem weiter. Das siehst du beim Kühlschrank-Gedicht auf den ersten Blick: Gedichte können sich reimen, müssen es aber nicht. Und etwas anderes springt ebenfalls ins Auge: Gedichte sind meistens kurz. In wenigen Worten erzählen sie viel Welt, von hier und dort und ganz weit fort.

Darum suche dir für das nächste Spiel auf dem Globus oder der Landkarte ein Land aus. Und dann schickst du, wie Antonie Schneider es oft macht, ein Stück Obst auf Reisen:

Auf Reisen geht die Ananas
von Lissabon nach Caracas
mit einem Fässchen Tinte.
War das denn eine Finte?
Sie trifft den Storch Emanuel
und fleht ihn an geschwinde:
Ach, schenk mir doch ein Blatt Papier,
dann schreib ich meinem Kinde
von Sonnenschein und Meer.

Mach mit

Das war doch nicht so schwer?
Du kannst den Spieß auch umdrehen und startest mit deinem Gedicht in der Ferne:

Die Kirsche aus der Türkei
aß am helllichten Tag ein Ei.
Dann landete sie in Rom.
Dort bekam sie einen Sohn.
Sie nahm ein Flugzeug für zwei
und flog in die Mandschurei.
Dort baute sie sich ein Haus
und nun ist die Geschichte aus.

Oder du verzierst die nächste Urlaubskarte mit einem selbst geschriebenen Gedicht. Gereimt oder ungereimt sind deine Ferienerlebnisse bestimmt der Rede wert. Ein Anfang geht dabei immer: Es war einmal …

Je öfter du schreibst, desto mehr genießt du es vielleicht, die Wörter auszuschmücken, so wie Helena und Hannibal es so gerne tun. Dann wird aus leicht federleicht, aus kalt eiskalt. Solche Steigerungen steigern das Vergnügen.
Und immer wird, wer derart gedichtete Grüße bekommt, besonders beschenkt. Mit Worten nämlich. Und mit Orten. Heraus kommt vielleicht ein Glücksgruß wie der von Antonie Schneider:

Ich mag dich so gern,
du bist wie ein Baum
und lächelst mir zu.
Ich weiß, du wartest auf mich
und ich auf dich.

Oder du lässt dich anstecken von den unbekannten Klängen um dich herum. Wenn du Ferien in einem Land machst, dessen Sprache du nicht sprichst, ist das nächste Spiel besonders spannend. Es ist zwar nicht ganz einfach, sozusagen für Fortgeschrittene, aber du gehörst inzwischen schon dazu, oder?
Besonders gut klappt es, wenn du wirklich kein Wort versteht, wenn also die Sprache für dich tatsächlich eine Fremdsprache ist. Dann lausche ihr wie einem Musikstück und achte darauf, was das Zuhören mit dir macht. Wirst du fröhlich oder traurig? Was kommt dir beim Zuhören in den Sinn: eine Straßenbahn? Ein Fest? Denkst du an Wind in den Bäumen? Oder an deinen kleinen Bruder?

Mach mit

Schreibe darüber ein Gedicht und bau vielleicht die Klänge mit ein. Einmal mehr hilfst du deiner Inspiration auf die Sprünge. Was so viel bedeutet wie: Du lässt dich von einer Idee finden. Der unbekannte Sound der unbekannten Sprache führt dich zu einem besonderen Gedicht.

Übrigens musst du dafür nicht mal verreisen. In deiner Schule gibt es bestimmt das eine oder andere Kind, das aus einem anderen Land kommt. Frag doch, ob es dir ein Gedicht in der jeweiligen Muttersprache vorträgt? Dann schreibst du ein Gedicht wie eine Antwort auf das, was du gerade gehört hast. Hinterher lest ihr einander eure Gedichte vor. Und vielleicht bekommst du das Ursprungsgedicht sogar übersetzt? Dann werdet ihr feststellen, dass es wahrscheinlich um etwas ganz anderes geht als um das, was du dir dazu ausgedacht hast. Dann hat ein Gedicht Flügel bekommen, und du bist weitergeflogen.

Genauso gut kannst du am anderen Ort Fundstücke sammeln, eine Muschel vom Strand, ein Stück Holz aus dem Wald, einen Stock, einen Stein, und dir aus Worten wie Treibholz ein »Gefunden!«-Gedicht

ausdenken. Das schreibst du auf ein Stück Papier, wickelst es um den jeweiligen Gegenstand – fertig ist ein einzigartiges Mitbringsel aus dem Urlaub für einen lieben Menschen daheim.

Etwas ganz Besonderes hat Antonie Schneider gefunden:

Ich fand auf der Straße
einen Stern zu meinen Füßen.
Hob ihn auf.
Nun leuchtet er dir.

Denn zum Dichten brauchst du nicht viel: ein Stück Papier, einen Stift und deine Fantasie.

Und manchmal vielleicht eine Hühner- oder eine Hahnenfeder.

Oder eine Möwenfeder vom Strand. Die tunkst du in Tinte und schreibst Spuren in den Sand. In einem fremden oder deinem Land.

Die Dattel

Die Dattel hat keinen Sattel
und auch kein Pferd.
Das ist von Übel,
sagten die feinen Damen,
die gerade vorüberkamen.
Da sitz ich nun
Tag für Tag, immer noch
auf dem gleichen Fleck
und warte
und warte
unaufhörlich
auf das große Glück.
Wer holt mich weg?

Worte und Orte

Hinter der halb geöffneten Tür

H. Glück

Herr Glück

Eines Tages
öffnete Herr Glück die Tür.
Guten Tag, sagte Herr Glück.
Was suchen Sie?
Ich wusste es nicht und schwieg.

Dann blieb ich auf der Schwelle
stehen, lange,
während Herr Glück die Tür schloss.

Es begann zu regnen.
Herr Glück, flüsterte ich, Herr Glück.

Eines Tages werde ich wiederkommen,
meinen Fuß in die Tür stellen
und dann das richtige
Wort sagen.
Vielleicht wird die Sonne scheinen ...
es schneien ...
der Abendwind durch die Blätter tanzen ...
Vielleicht aber wird es auch eine sternklare Nacht sein,
wenn ich wiederkomme.
Ich wandte mich um
und machte mich
auf den Weg.
Und Herr Glück wartete,
er wartete hinter der halb geöffneten Tür.

Fürchte dich nicht,
leise zittert die Luft,
es wird alles gut.

Hab Geduld.
Die weißen Haselnüsse,
sie reifen
im Sommerwind,
hab doch Geduld.
Alter Räuber Mond,
wie lange noch hockst du am Fenster,
wie lange noch,
du alter Räuber.

Die Kokosnuss

Spätabends
am großen Fluss
bekam die Kokosnuss
einen Kuss
und rollte kichernd über die Straße.
Im Mondschein
saß schweigend ein blauer Hase.
Sie traute ihren Augen kaum.
Er sprang durch die Luft bis zum Mond.
Komm doch herauf!
Hier ist eine Oase, sagte der blaue Hase.
Und drehte der Kokosnuss
eine lange Nase.

Immer ist es
irgendein Wetter,
ein Stein, ein Blatt, ein Haus, ein Wort
ein Wind, ein Regen,
eine Karte,
eine Blume,
die mich singen lässt.

Es flattert
es singt
es trinkt
es staunt und starrt
Löcher in die Luft
mein Wort.

Bei uns
regnet es
kleine Wörter
und
zwischendurch
scheint die Sonne
auf Silbenbaumblätter.

Worttrunken
kreisen
die Sätze
wie kleine Füchse
Nahrung suchend
im großen Schnee.

Im weißen Schnee, ojemine,
da läuft ein schwarzer Hund
ganz ohne Grund.

Der kleine Hund
hat vor lauter Angst
den Engel ins Bein gebissen,
und trotzdem sind in den Wolken
seine Träume gewachsen.

Was ist ein Engel?
Springt er über eine Zeile
in ein Wort?

Als ob
Schnee fiele
weiß die Tannen
der erste Schnee im August
als Regen getarnt,
der mich küsst.

Schneeflocken
fallen mir
auf das Gefieder
immer und immer
wieder.

Federleicht
bin ich nun.

Wie Meereswogen
türmen sich die Wolken
neuem Wetter zu.
Noch ist die Wiese golden –
hab acht, es dreht sich der Wind.

Von grünen Wiesen träum ich
gar einen Winter lang.
Sei du nicht bang.
Bald blühen diese wieder
mit goldnem Löwenzahn.

Mit den Kirschen im Mund

Ein Tiger aus Indien rief mich an.
Ich hörte im Dunst der Möwen Geschrei.
Die Berge verschwanden.
Zwei Rehe standen im blühenden Klee.
Veilchen vom Waldesrand schenk ich dir,
sagtest du,
und zwischen Pappelalleen stand
der alte Fischer am Rhein.
Über die Felder flogen rosafarbene Schwalben
und tanzten im Mückenschwarm.
Hummelflug,
sagten sie,
Hummelflug
inmitten des Februars.
Sommerwind.
Schaut er, der Sommer, den Schwalben zu
und badet im Fluss
mit den Kirschen im Mund.

Ich schreibe
dir mit den Vögeln
unter dem Himmel
in die Luft: Licht, grüne.

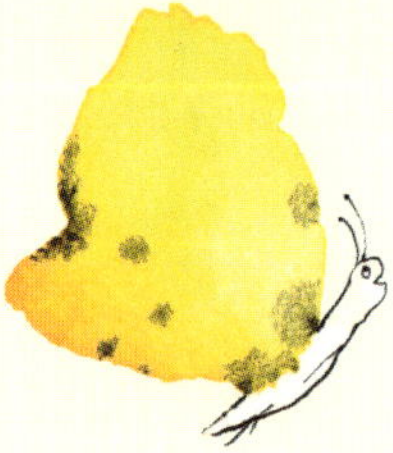

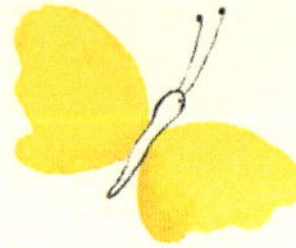

Schmetterlingsflügel

Schmetterlingsflügel
hol
die Worte uns heim
zitronengelb
an den Füßen
die Worte
zwiegenäht
die Geflügelten.

Dass das Wort

Dass das Wort immer
Rückkehr ist mit
seinen Flügeln
webt es
Schmetterlingsstaub
in mein von der Mutter gewobenes Tuch ein,
Wind und Kälte zu trotzen.

Letzter Tag

Ich bekam vom Meer
ohne Mühe
einen Sommer lang seinen Duft.
Trug ihn
hinter die Berge.
Da konnte ich dem Wind eine lange Nase
drehn.

Flügel

Eine Welle sprang
des Nachts
in mein Bett,
als wollte sie mich
für immer verschlingen.
Es gelang ihr nicht.
Ich drehte mich um.
Da wuchsen mir Flügel
zu ihrem Verdruss.
Und ich flog
wie ein Pegasus
auf und davon
bis nach Lissabon.
Dort schrieb ich ihr eine Karte.
Na, warte.

Mach mit

(Helena läuft über den Hühnerhof, als liefe sie Schlittschuh: in langen Bahnen von links nach rechts)

Helena: Aus der Bahn, Kartoffelschmarrn!

Hannibal: Was machst du denn da?

Helena: Stör mich nicht … *(Schon ist sie weg, macht kehrt: von rechts nach links)*

Hannibal: H-a-l-l-o! Helena! Was wird das, wenn's fertig ist?

Helena: Das siehst du doch: Ich laufe dem Glück entgegen.

Hannibal *(schaut demonstrativ hinter jedes Grasbüschel)*: Putt, putt, putt, ja, wo ist es denn? Komm, komm, komm, liebes Glück!

Helena: Du brauchst dich gar nicht über mich lustig zu machen. Schon vergessen? »Mein weißes Blatt ist voll von Wegen, von rechts nach links, von links nach rechts läuft es dem Glück entgegen.«

Hannibal: Sehr weiß ist es hier aber nicht. Soll ich mal den Besen holen? Oder den roten Teppich fürs Glück?

Helena *(summt leise vor sich hin)*: … von rechts nach links, von links nach rechts … *(Sie steuert Hannibal an)*

Hannibal: Und du glaubst, dass du auf diese Weise das Glück findest?

Helena *(umkreist Hannibal)*: Ich glaube, ich habe es schon gefunden.

Hannibal *(errötet unter seinem Kamm)*: Du meinst …

Helena: Ja. Das meine ich.

Hannibal: »Wo du bist, bin auch ich.«

Helena: »Ist das denn nicht ein Glück?«

Hannibal: »Grün, gelb und braun gefiedert …«

(Flügel in Flügel ziehen sie gemeinsam ihre Bahnen)

Oh. Da mögen sich zwei. Gerade in Gedichten werden Liebe und Freundschaft häufig besungen, überhaupt kommen Gefühle oft vor, auch die, die keiner haben will: Schmerz, Angst, Hass, Wut oder Traurigkeit. Helena und Hannibal kennen das auch: Manchmal ist das Leben so, dass man Federn lässt. Dann kann ein Satz wahr werden, den du vielleicht schon kennst: sich etwas von der Seele schreiben. Es ist ein tröstlicher Satz, wie ein Versprechen. Und das Beste ist: Er stimmt.

Mach mit

Wenn du traurig bist, weil du etwas oder jemanden verloren hast, wenn du dich ungerecht behandelt oder allein fühlst, wenn es dir nicht gut geht – dann schreibe darüber ein Gedicht. Es wird dir danach besser gehen.
Und wenn du glücklich bist, schreibe auch darüber ein Gedicht, dann verdoppelt sich deine Freude.
Denn sobald du ein Gedicht schreibst, hältst du fest, was du gesehen, gehört, gerochen, gespürt, was du erlebt hast. Du bringst zum Ausdruck, was dich gerade beschäftigt oder woran du dich erinnerst. Du fasst deinen Blick auf die Welt in Worte. Deine Gedichte können die Stimme deines Innern sein. Und merkst du, dass wieder ein Wort das nächste gibt? Erinnern und im Innern – das liegt ganz nah beieinander.

Sich auszudrücken, also: etwas aufs Papier zu bringen, erleichtert dabei nicht nur, es macht auch einfach Spaß. Ist das denn nicht ein Glück?
Oh ja! Vielleicht meint Antonie Schneider genau das, wenn sie schreibt, dass das weiße Blatt dem Glück entgegenläuft. Wenn auf dem Papier ein Gedicht entsteht, ist das ein Glück. Oder noch kürzer: Gedichte machen glücklich. Stimmt!

Tür und Tor und der Hühnerhof stehen dir nun offen. Es gibt nichts, worüber du kein Gedicht schreiben kannst. Alles, was dich interessiert, ist ein gutes Thema. Mensch und Tier, Obst und Gemüse, Kraut und Rüben, Wind und Wetter, Stadt, Land, Fluss, Fußball, Freunde, Familie, Feste, Feen und Einhörner, Cowboys und Computerspiele, die Jahreszeiten, da sein und weg sein, unterwegs sein und hin und weg sein: Deiner Fantasie sind keine Grenzen gesetzt.

Vielleicht willst du auch mit Farben sprachspielen, mit dem Blau des Meeres, dem Winterweiß, dem Gelb der Sonne. Oder ist deine Sonne grün?
Oder du lässt Geräusche und Klänge übers Papier wirbeln, das Rauschen des Regens oder der Wellen, die Spritzer des Wasssssssssssers, das Grrrrroollllllennnn des Donnersssssss. Dann blitzt das Gewitter, dann gleißt frisch die Sonne am nächsten Morgen vom blitzblanken Blauhimmel.

Du kannst auch den Anfang eines Gedichts weiterschreiben. Was würdest du denn machen aus:

> »Capri im Mondschein, so rot,
> so gelb, so verschwunden …«

Helena *(gackert dazwischen)*: Ich picke Krümel vom Brot.
Hannibal: Im Hof dreh ich drei Runden.

Mach mit

Wenn du dich beim Schreiben an eine vorgefertigte Form anlehnen willst, kannst du Haikus schreiben oder Elfchen. Das sind Gedichtformen, die festen Regeln folgen.

Das oder der Haiku kommt aus Japan und gilt als die kürzeste Gedichtform der Welt. Die ersten Haikus wurden im 16. Jahrhundert geschrieben. Ein Haiku ist ein Dreizeiler aus 17 Silben. Die Silben sind meistens nach folgendem Schema verteilt:

1. Zeile: fünf Silben
2. Zeile: sieben Silben
3. Zeile: fünf Silben

Haikus sind reimlos. Sie haben keine Überschrift. Die Zeit ist immer die Gegenwart. Haikus beschäftigen sich mit der äußeren Welt, mit etwas Konkretem. Sie sind wie eine Momentaufnahme. Zum Beispiel so:

Scharren nach Körnern
Die Hühner picken Steine
Am Ende ein Ei

Das Elfchen wiederum hat nichts mit kleinen Elfen zu tun, aber es ermöglicht kleine, feine Gedichte, die aus nur elf Wörtern bestehen. Sie sind auf fünf Zeilen verteilt, nämlich so:

1. Zeile: ein Wort
2. Zeile: zwei Wörter
3. Zeile: drei Wörter
4. Zeile: vier Wörter
5. Zeile: ein Wort

Von Helena und Hannibal unterstützt, darfst du dich ruhig mal mit fremden Federn schmücken! Haikus und Elfchen ergeben übrigens oft besonders offene Gedichte. Sie legen sich nicht fest und lassen damit Platz auch für die Gedanken, Gefühle und Einfälle derer, die sie lesen.

Elfchen
rufen dich
flattern und singen.
Komm, dichte im Mai.
Federleicht.

Wahrscheinlich bist du im Laufe dieses Buches immer wieder an den Punkt gekommen, an dem es dir erging wie Helena: »Ich verstehe nur Bahnhof! Was soll das denn heißen?« Dann lass dich bloß nicht entmutigen, sondern lies das Gedicht immer wieder, laut und leise und wieder laut, und mach dir deinen eigenen Reim auf das, was auf und zwischen den Zeilen steht. Denn Gedichte sind vieldeutig und wollen genau das auch sein. Es macht ihr Wesen aus und ihren Zauber. Wir alle können uns einbringen und mitspielen. Ohne großes Federlesens. Oder mit ganz viel Federlesens.

Woran denkst du zum Beispiel, wenn du das Gedicht von Antonie Schneider liest:

Ich schreibe
dir mit den Vögeln
unter dem Himmel
in die Luft: Licht, grüne.

Denkst du an den Vogelschwarm, den du kürzlich von deinem Fenster aus beobachtet hast und der ein V gebildet hat? Denkst du an Vogelfedern, die man angespitzt als Schreibfedern benutzen kann? Und ist mit dem Licht, das grünen soll, für dich der Frühling gemeint? Geht es um Neuanfang? Ist Schreiben Hoffnung? Liegt im Schreiben Freiheit, so wie Vögel unter dem Himmel frei fliegen?
Wie auch immer du es verstehst, eines steht fest: Es gibt nicht die eine einzige, richtige Lesart.
Gedichte können jedem von uns zu verschiedenen Zeiten Verschiedenes sagen. Morgen oder in einem Jahr kann das schon wieder etwas ganz anderes sein als heute.

Beim Lesen von Gedichten stehen also genauso Tür und Tor und der Hühnerhof offen. Auch dazu gibt es ein Gedicht von Antonie Schneider:

Der Himmel ist braun, die Erde ist blau.
Ihr hättet mir doch nicht geglaubt.

Doch. Jetzt schon.

Dann gilt fürs Schreiben wie fürs Lesen: Gedichte wollen gehoben werden wie Schätze.

Ahnst du, welche Möglichkeiten sich da eröffnen? Was für eine Freiheit darin liegt?

Dann sind Worte ein Schlüssel zu einer ganzen Schatzkammer: zu dir und zur Welt. Wenn du diesen Schlüssel einmal gefunden hast, wirst du ihn nicht mehr verlieren.

Und was machen Helena und Hannibal inzwischen?

Sie haben sich ein Nest gebaut.

Vielleicht ein Nest aus Worten.

Vielleicht schlafen sie, dann sei schön still.

Schau, Helena hat den Kopf unter ihre Federn gesteckt.

Gemütlich ist ihr Federbett.

Vielleicht brütet sie ein Ei aus.

Ein goldenes Ei? Einen Traum? Ein Gedicht?

Das steht auf einem anderen Blatt.

Ein Gedicht

Am Morgen schon, sagtest du.
Buchstabe neben Buchstabe zu setzen,
schwarz auf weiß,
dann Wort neben Wort.
Behutsam einen kurzen Satz
schreiben mit dem Bleistift
und dann warten
auf einer Bank am Teich.
Erstaunt dem Aufruf der Libellen lauschen,
ein wenig schlummern,
ins Haus zurückkehren
und das Fenster öffnen.
Du wirst an meine Tür klopfen,
mir das weiße Blatt reichen
und lächelnd sagen:
»Der Frühling kommt.«

Nun schläft mein Huhn –
müde vom vielen Dichten
auf dem Weidenzaun
schlägt es mit seinen Flügeln
im Traum.

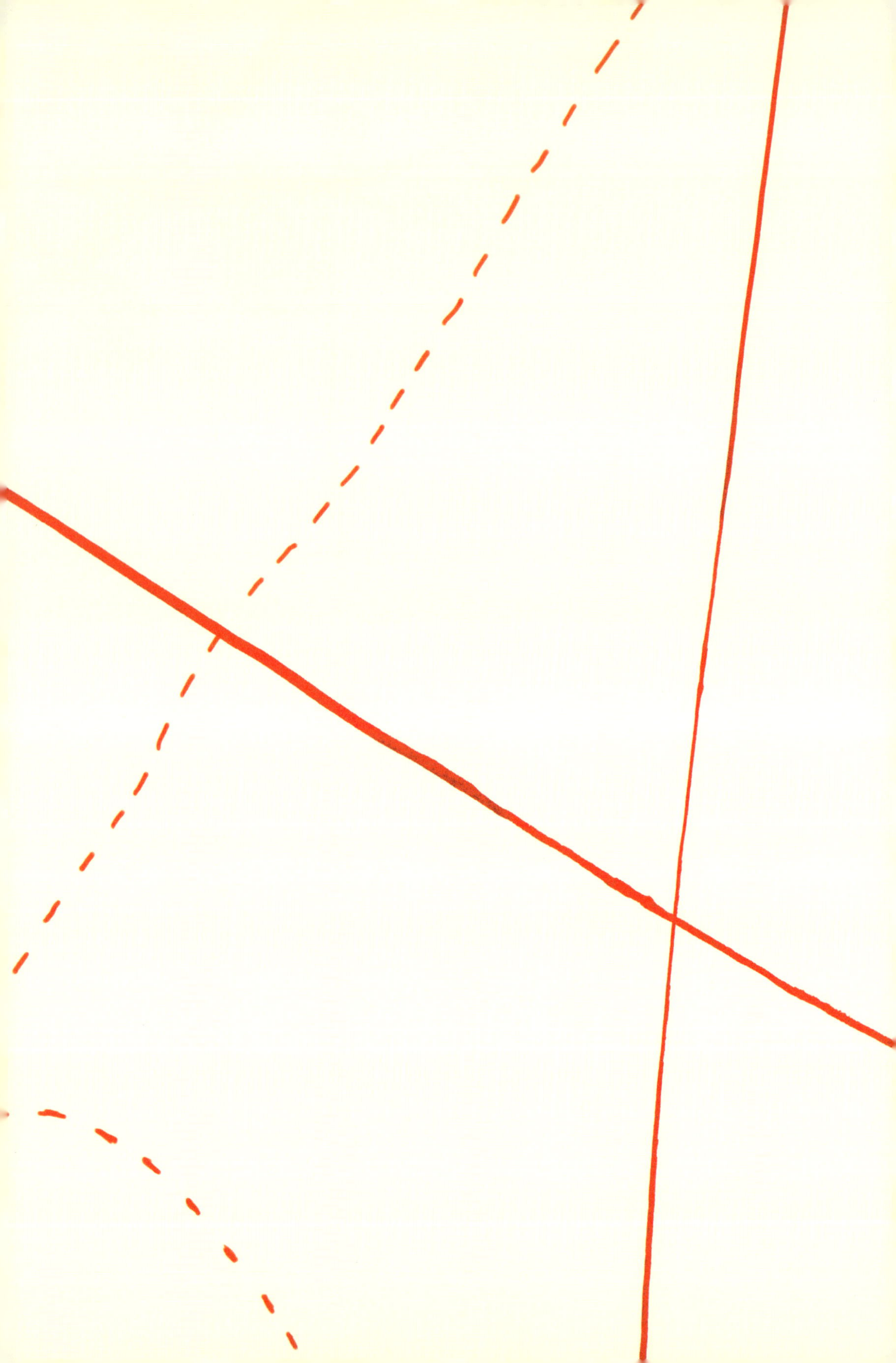

Mein weißes Blatt

Mein weißes Blatt ist voll von Wegen
von links nach rechts
von rechts nach links
läuft es dem Glück entgegen

Verzeichnis der Gedichte und *Gedichtanfänge*

Antonie Schneider wurde in Mindelheim im Allgäu geboren. Schon als Kind entdeckte sie ihre Leidenschaft für Bücher und Geschichten. Sie hat mehr als 60 Kinderbücher veröffentlicht, die in viele Sprachen übersetzt wurden und internationale Anerkennung fanden. Heute lebt sie als freischaffende Autorin im Dreiländereck, arbeitet mit Musikern und bildenden Künstlern zusammen und schreibt vor allem Lyrik für Kinder und Erwachsene.
In der *Reihe Hanser* ist bereits ihr Buch »Der Junge und der Kapitän« (dtv 62700) erschienen.

Marion Goedelt arbeitet seit ihrem Studium an der Hochschule für Angewandte Wissenschaften in Hamburg als freie Illustratorin für verschiedene Verlage. Neben Bilder- und Kinderbüchern illustriert sie auch Schulbücher und Internetseiten. Ihre Bücher wurden in viele Sprachen übersetzt und ihre Arbeiten u. a. auf der internationalen Kinderbuchmesse in Bologna ausgestellt. Sie lebt mit ihrer Familie in Berlin.

Christine Knödler studierte Theaterwissenschaft, Literaturwissenschaften und Kunstgeschichte in München und Paris. Die Journalistin, Kritikerin und Herausgeberin schreibt und editiert für Verlage, Zeitungen und fürs Radio. Sie war Lehrbeauftragte an der Universität der Künste, Berlin, moderiert, kuratiert Ausstellungen und leitet regelmäßig Lyrik-Workshops am Lyrik Kabinett München. Mehr Infos unter www.christineknoedler.de